AF462385

N.° 33.

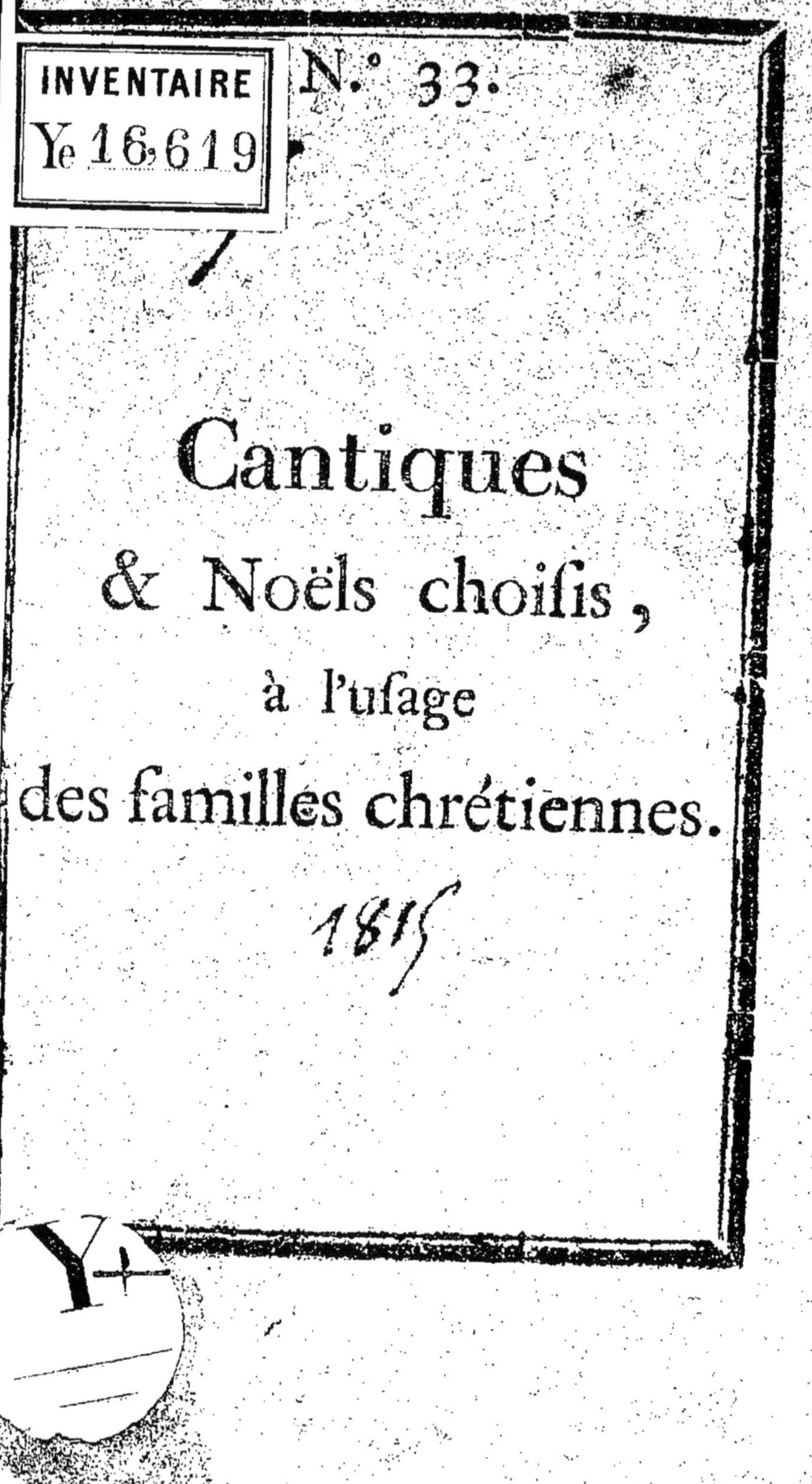

Cantiques & Noëls choisis, à l'usage des familles chrétiennes.

1815

CANTIQUES

ET

NOELS CHOISIS,

A L'USAGE

DES FAMILLES CHRÉTIENNES.

Je célébrerai le Nom du Seigneur par mes Cantiques, et je publierai ses grandeurs par mes louanges.

Pseaume 68.

A MONTBÉLIARD,

Chez les Frères DECKHERR, Impr.-Libr.

1815.

Invocation du Saint-Esprit.

O Saint Esprit! Roi glorieux!
Venez, venez du haut des cieux,
Descendez dans nos ames,
Venez, venez nous éclairer,
Venez-nous embrâser
De vos divines flammes.

2. Fortifiez le bon désir
Que nous avons de vous servir
Et de vous reconnaître;
Vous êtes notre Créateur,
Le Dieu de notre cœur,
Notre Seigneur et Maître.

3. Venez, venez, grand Dieu d'amour,
Choisissez nos cœurs pour séjour,
Venez à la bonne heure:
Venez et ne les quittez pas;
Qu'ils soient jusqu'au trépas,
Seigneur, votre demeure.

4. Esprit divin, céleste Roi,
Donnez-nous une vive foi,
Une ferme espérance:
Accordez-nous en ce jour,
De votre saint amour
La douce jouissance.

5. Faites que notre enténdement
Vous connaissant parfaitement,
Nous cherchions à vous plaire;
Vous aimant de tout notre cœur,
Nous ayons le bonheur
D'entrer en votre gloire,

CANTIQUES SPIRITUELS.

GÉMISSEMENS DE L'ÉGLISE.

Sur l'air : *des Folies d'Espagne*, ou *Sombres déserts* ; ou en doublant les couplets, *du Roi des cieux tout révère la gloire*.

DIEU de bonté, qui voyez nos misères,
Jetez sur nous des regards attendris :
Prêtez l'oreille à nos humbles prières ;
Que votre cœur soit touché de nos cris.

2. Les ennemis de votre sainte Eglise
Ont fait contr'elle éclater leur fureur :
Que son empire, ont-ils dit, se détruise,
Et qu'il succombe à nos efforts vainqueurs.

3. De sa ruine l'heure enfin est venue ;
Ainsi l'a dit leur sacrilége orgueil ;
Il en est temps, qu'elle soit abattue
Comme le mort au fond de son cercueil.

4. D'affreux serpens aiguisent, dans leur rage,
Leurs dards cruels pour mieux la déchirer ;
De fiers lions, affamés de carnage,
Grincent les dents, prêts à la dévorer.

5. Souvenez-vous, Seigneur, que votre Epouse
Vous a coûté votre sang précieux :
Souffrirez-vous qu'en sa haine jalouse,
L'Enfer ligué l'écrase sous vos yeux ?

6. Qu'à votre Eglise enfin soit la victoire;
O père, ô Fils, ô vous Esprit divin!
A vous, Dieu seul, louange, honneur et gloire;
Dans tous nos cœurs, pour vous amour sans fin.

1. l'Eglise en pleurs, hélas! voit disparaître
Et ses enfans et ses solemnités;
Du temple en deuil le Pontife et le Prêtre
Cruellement se sont vus rejetés.
2. Pâles d'effroi, les vierges gémissantes
Ont vers le ciel poussé des cris perçans:
Leurs vœux ardens, leurs instances ferventes
Sur vous, Seigneur, seront-ils impuissans?
3. Ah! nos péchés ont formé la barrière
Qui loin de nous repousse vos bontés:
Grand Dieu! cédez à notre peine amère,
Au vif regret de nos iniquités.

4. Qu'à votre Eglise, etc. *comme ci-dessus.*

1. Privé des soins du Pasteur véritable,
Le vrai Chrétien regrette ses secours;
Il n'entend plus cette voix vénérable
Dont les leçons le guidaient tous les jours.
2. Tel qu'un troupeau chassé du pâturage,
Il dépérit tourmenté par la faim;
Ou tel qu'on voit l'orphelin en bas âge,
Qui de sa mère en vain cherche le sein.
3. Jusques à quand, puissante Providence!
Vous verra-t-on rester dans le sommeil?

Ah! que bientôt la tremblante innocence,
Par vos secours sente votre réveil.
4. Qu'à votre Eglise, etc.

1. Venez, Seigneur, votre Eglise affligée
Ne voit qu'en vous son vrai consolateur:
Au sein des flots dont elle est submergée,
Qu'elle retrouve en vous un Dieu Sauveur.
2. O vous mortels! dont le cœur est sensible,
Voyez s'il fut jamais sort plus affreux;
En quels climats désastre plus horrible,
Des hommes droits effraya-t-il les yeux!
3. Sur nous, Seigneur, que votre œil s'attendrisse:
Dans l'amertume, hélas! nagent nos cœurs;
Brisez les traits de l'atroce injustice
Dont votre peuple éprouve les horreurs.
4. Qu'à votre Eglise, etc.

1. Serait-ce en vain que l'Eglise en alarmes
Demande, attend des secours désirés?
Rien ne paraît compâtir à ses larmes;
Tous ses appuis au loin sont retirés.
2. Pour implorer de l'aide en sa détresse,
Vainement donc elle a tendu les mains;
Ses ennemis la poursuivent sans cesse,
Et ses amis la laissent sans soutiens.
3. O bon Pasteur! regardez vos ouailles
Dont chaque jour augmente la douleur;
Un trouble affreux déchire leurs entrailles;
Leur cœur s'abat sous le poids du malheur.

4. N'est-il donc plus de ressource à prétendre?
Dieu tout puissant! êtes-vous sans pouvoir?
N'êtes-vous pas le père le plus tendre?
De vos enfans tromperez-vous l'espoir?
5. Non, votre main va prendre leur défense
Contre l'Enfer et ses cruels suppôts:
Elle fera triompher l'innocence,
Et des méchans punira les complots.
6. Qu'à votre Eglise, etc.

1. Ranime-toi, consolante espérance,
Au souvenir des bontés du Seigneur;
Il fera voir que toujours sa clémence,
Pour ses enfans suit de près sa rigueur.
2. Il n'est pas moins fidèle à sa promesse,
Lorsqu'il paraît l'avoir mise en oubli;
Par sa puissance il soutient la foiblesse,
Dès quelle espère uniquement en lui!
3. Espérons donc constamment jusqu'au terme
Qu'il a fixé pour guérir tous nos maux:
Que notre cœur toujours fidèle et ferme,
Cherche en son Dieu sa force et son repos.
4. Qu'à votre Eglise enfin soit la victoire,
O Père, ô Fils, ô vous Esprit divin?
A vous, Dieu seul, louange, honneur et gloire;
Dans tous nos cœurs pour vous amour sans fin.
Ainsi soit-il

CANTIQUE DE L'ANNONCIATION.

JE viens à vous, pleine de graces,
Je sers le Roi de l'univers:
Le vent ne peut suivre mes traces;
Pour obéir je fends les airs.

2. Vous qu'en ce lieu je vois paraître,
Qui peut ici vous amener?
Et de la part de notre maître,
Qu'avez-vous donc à m'ordonner?

3. Vous devenez sa favorie,
Son propre Fils naîtra de vous;
Et vous aurez son Saint-Esprit,
Vierge sainte, pour votre époux.

4. Humble, soumise, obéissante,
Avec respect j'apprends ses loix;
Mais je ne suis que sa servante,
Trop indigne de son choix.

5. Le Dieu jaloux de sa puissance,
Confonds les cœurs ambitieux;
L'humilité, l'obéissance
Sont des trésors devant ses yeux.

6. Malgré l'amour qui me consomme,
Mon cœur ne peut que se troubler:
Je ne veux point connaître d'homme,
Car le bruit me feroit trembler.

7. Il n'entrera dans ce mystère
Rien de charnel, ni rien d'humain;
Le Saint-Esprit sera le Père
Du fruit de votre chaste sein.

8. Allez trouver votre cousine;
Quoique stérile, elle a conçu:

Reconnoissez la main divine
Dans ce cher Fils qu'elle a reçu.

9 Puisque c'est Dieu qui me l'ordonne,
Me présentant l'humilité,
A ses décrets je m'abandonne;
Soit fait selon sa volonté.

LES MYSTERES DE LA CROIX.

O Croix! autel du grand Prêtre Jésus,
Teinte du sang qu'il a versé dessus,
Que les pécheurs, à l'heure de la mort,
Trouvent en vous leur asyle et leur port.

Aux Cloux

Précieux cloux, qui percez pieds et mains
Au Dieu mourant, qui sauve les humains,
Percez mon cœur de douleur ou d'amour,
Pour vivre en lui ou mourir chaque jour.

A l'Eponge.

Cruelle éponge, abreuvez-moi de fiel;
Je ne veux plus de douceur ni de miel:
Jésus a soif, il demande de l'eau;
S'il faut des pleurs j'en vais faire un ruisseau.

A la Lance.

Lance inhumaine, ouvre et perce ce flanc,
Fais-en sortir ce qui reste de sang;
Je trouverai dans ce sacré côté,
Où me cacher contre Dieu irrité.

A la Colonne.

Poteau funeste, où mon Maître attaché
Paye sur toi le prix de mon péché,
Tu fais souffrir Jésus injustement;
C'étoit à moi d'endurer ce tourment.

A La Couronne d'épines.

Sainte couronne, épines, riches fleurs;
Pourquoi causer de si vives douleurs!
Veux-tu, Chrétien, couronner de rechef
Par tes péchés cet adorable chef?

Au titre de la Croix.

Fatal écrit, titre mystérieux,
Lui êtes-vous fatal ou glorieux?
Malgré les Juifs et leurs haine et leur loi,
On y lira que vous êtes leur Roi.

A l'Echelle, aux tenailles et marteaux.

Echelle, cloux, tenailles et marteaux,
C'est trop servir à ces cruels bourreaux;
Ou clouez-moi sur cet infâme bois,
Ou détachez mon Sauveur de la croix.

Aux cordes.

Justice, cieux, amour, Père éternel.
Perfides Juifs, je suis le criminel:
Attachez-moi, liez-moi, j'y consens;
Mais épargnez ces membres innocens.

Aux Dés.

Voici les Dés, les tristes instrumens
Dont les bourreaux jouaient ses vêtemens.
Hélas! quel jeu! le sort en est jeté,
Ils perdent tout perdant l'éternité.

Aux trente Deniers.

Traître Judas, le Démon t'a surpris:
Trente deniers étaient-ils donc le prix
Du sang d'un Dieu, ce sang plus précieux
Infiniment que la terre et les cieux?

Au Falot.

Aveugles Juifs, à quoi cet appareil?

Quoi! des flambeaux pour chercher le soleil?
Ouvrez les yeux, et vous verrez des feux
Et des clartés qui sortent de ses yeux.

Au Gantelet de fer.

Ta main, perfide avorton de l'enfer,
Armée autant de fureur que de fer,
Devait au moins incontinent sécher
Auparavant qu'elle osât l'approcher.

Au Roseau.

Portrait du monde et de sa vanité,
Jouet des vents, roseau sans fermeté,
Tu fais bien voir que les biens d'ici-bas
Trompent nos sens et ne contentent pas.

Au Coq.

Oserois-tu, Pierre, encore te vanter?
Prête l'oreille, entends le coq chanter;
Le coq hardi, plus fidèle que toi,
Accusera ta faiblesse en la foi.

Au Coutelas.

Hé quoi! Apôtre, où est cette ferveur?
Jusqu'à trois fois renier ton Sauveur!
Meurs de regrets, Pierre, ou plutôt fait mieux.
Lave ton cœur et ton crime par tes yeux.

A la Robe blanche.

Cet habit blanc que lui donne aujourd'hui
La cour d'Hérode en se moquant de lui,
C'est un mystère où l'on voit qu'on a tort
De condamner l'innocent à la mort.

A la Robe de pourpre.

Triste dépouille, aimable vêtement!
L'on connaît bien, mon Jésus, mon amant,
Que des bourreaux et des Juifs inhumains,

Que des lions ont mis sur vous les mains.

Au bassin et à l'aiguière.

Pilate, en vain, tu penses te sauver;
Tout l'Océan ne saurait te laver:
Le sang d'un Dieu, la justice et la loi,
Demande au ciel vengeance contre toi.

A la Véronique.

Que vois-je ici un homme de douleurs;
Las! qui l'a peint de si tristes couleurs?
C'est toi, pécheur, par un lâche attentat,
Qui a réduit Jésus en cet état.

Aux trois Maries.

Saintes Epouses, allez au monument
Pour embaumer le corps de votre Amant;
Mais savez-vous les plus chères liqueurs
Qu'il veut de vous? ce sont celles du cœur.

A Notre-Dame de-Pitié.

Mère d'amour, verrez-vous sans mourir,
Souffrir Jésus sans l'oser secourir!
Et toi, Chrétien, verras tu sans douleurs
Le Fils en croix, la Mère dans les pleurs?

POUR LE ST. JOUR DE PAQUES.

Sur l'air : O Filii. Alleluia, Alleluia, Alleluia.

SECHEZ les larmes de vos yeux,
Le Roi de la terre et des cieux
Est ressuscité glorieux. Alleluia:

2. Deux des Disciples, au matin,
Etaient venus dans le jardin,
Vers le tombeau du Roi divin. Alleluia.

3. Trois Saintes, d'un dessein pieux,
Viennent de cœur dévotieux
Pour oindre le corps précieux. Alleluia.

4. Un Ange, assis, plein de splendeur,
Leur dit consolez votre cœur,
En Galilée est le Sauveur. Alleluia.
5. Le Disciple aimé chèrement,
Dévançant Pierre promptement,
Vient le premier au monument. Alleluia.
6. Jésus parut, percé de cloux,
Où les Apôtres étaient tous,
Disant, la paix soit avec vous. Alleluia.
7. Lorsque Thomas eut écouté
Que Christ était ressuscité,
Il fut dans l'incrédulité. Alleluia.
8. Thomas, dit l'auteur des humains,
Vois mon côté, mes pieds, mes mains;
Tes sens ne soient plus incertains. Alleluia.
9. Thomas voyant, épouvanté,
Les pieds, les mains et le côté,
Dit: je connais ta Déité. Alleluia.
10. O bienheureux qui ne verront,
Et qui d'un ferme cœur croiront!
Dedans les cieux ils règneront. Alleluia.
11. En ce tems saint et glorieux,
Chantons des chants délicieux,
En bénissant le Roi des cieux. Alleluia.
12. Rendons-lui grace humblement,
Et prions le dévotement
Qu'il nous conduise au firmament. Alleluia.

CANTIQUE *que l'on chante à la fête du St.-Sacrement.*
Air : *Vous m'appellez, Seigneur.*

SUR cet autel,
Ah! que vois-je paraître?
Jésus mon Roi, mon divin Maître;

Sur cet autel;
Sainte Victime,
Vous expiez mon crime
Sur cet autel.

Acte de Foi.

2. Divin Jésus,
Pour nous donner la vie,
Vous êtes dans la sainte Hostie,
Divin Jésus:
La foi m'éclaire,
Je crois ce grand mystère,
Divin Jésus.

3. Dans ce grand jour
Célébrez sa victoire;
Prêtre sacré, chantez sa gloire
Dans ce grand jour:
Chœurs Angéliques,
Unissez vos cantiques
Dans ce grand jour.

4. Voici l'Epoux;
Hâtez-vous, Vierge sage
Préparez-vous pour son passage;
Voici l'Epoux;
Que tout répète
Dans cette auguste fête,
Voici l'Epoux.

5. A son honneur
Ornons de fleurs nos têtes;
Que nos lampes soient toujours prêtes
A son honneur;
Chantons sans cesse

Mille chants d'alégresse
A son honneur.
6. Allons à lui,
Remplis de confiance;
Avec la robe d'innocence
Allons à lui;
Il nous invite
De venir à sa suite:
Allons à lui.
7. Avec ardeur
Bénissons notre Maître;
Ne cherchons qu'à le reconnaître
Avec ardeur;
Que chacun l'aime
Et le serve de même
Avec ardeur.

Acte de Demande.

8. Divin Sauveur,
Régnez seul dans nos ames,
Répandez-y vos saintes flammes,
Divin Sauveur!
Que votre grace
Soit toujours dans nos ames,
Divin Sauveur.
9. Dieu plein d'amour,
Pour vous seul je veux vivre:
Pour toujours à vous je me livre,
Dieu plein d'amour;
Brûlez mon ame
D'une divine flamme,
Dieu plein d'amour,
10. Je suis pécheur,

Devant vous je m'abaisse;
Plein de regret je le confesse,
Je suis pécheur;
Dieu de clémence,
Pardonnez mon offense,
Je suis pécheur.

11. Venez en moi,
Mon ame vous désire,
Après vous seul elle soupire;
Venez en moi,
Maître adorable,
Rédempteur admirable,
Venez en moi.

12. Quelle faveur!
Le Dieu de la nature
Est devenu ma nourriture:
Quelle faveur!
O Roi suprême!
Vous logez dans moi-même;
Quelle faveur!

13. Pour un tel don,
Que les Saints et les Anges
Fassent retentir vos louanges
Pour un tel don;
Que tout s'empresse
A vous bénir sans cesse
Pour un tel don.

Acte d'Amour.

14. Mon doux Jésus,
Jésus si plein de charmes,
Votre amour fait couler mes larmes,
Mon doux Jésus!

Ah! je vous aime,
Mon amour est extrême,
Mon doux Jésus!

Acte d'Offrande.

15. Tout est à vous,
Je vous le sacrifie;
Mon cœur, mes biens, jusqu'à ma vie,
Tout est à vous:
Pour mon seul maître
Je veux vous reconnaître;
Tout est à vous.

Acte de Demande.

16. Jusqu'à la mort
Régnez seul dans mon ame;
Que votre amour toujours m'emflamme
Jusqu'à la mort:
Dieu débonnaire
A vous seul je veux plaire
Jusqu'à la mort.

CANTIQUES SUR LES ACTES.

Air: *dirai-je mon* Confiteor.

Acte de Foi.

Mon Dieu, je crois très-fermement
Que je suis en votre présence;
Que je ne puis un seul moment
Me cacher à votre puissance;
Je suis en vous, et vous en moi;
Mais, Seigneur, augmentez ma foi.

Acte d'Adoration.

J'adore votre Majesté,
Qui fait au Ciel trembler les Anges;

Pendant

Pendant toute l'éternité
Ils célébreront vos louanges:
Ah! quand pourrai-je dans les Cieux
Vous louer et bénir comme eux?

Acte de remerciment.

Que de biens n'a...z-vous pas fait
A cette indigne créature:
Mon cœur tout perfide qu'il est,
Voit qu'ils sont sans nombre et mesure;
Et tous les lieux et tous les temps
Ne me font voir que vos présens.

Acte d'Amour.

Hélas! éternelle beauté,
N'est-il pas tems que je vous aime?
Vous qui de toute éternité,
M'aimâtes d'un amour extrême.
Ah! Seigneur, je vais commencer,
Mais c'est pour ne jamais cesser.

Acte de Contrition.

Contre vous et contre les Cieux
J'ai tant péché, Père céleste;
Je pleurs mes excès honteux:
Sincérement je les déteste:
C'est votre amour, ô mon Seigneur,
Qui forme ma juste douleur.

Acte d'Offrande.

Seigneur, j'ose bien vous offrir
Ce qu'il me faudra dire ou faire,
Penser, désirer ou souffrir:
Je veux que tout soit pour vous plaire,
Et je veux n'avoir d'autre but
Que votre gloire et mon salut.

Acte de bon Propos.

Seigneur, je ne veux plus pécher,
Ma résolution est forte;
Je veux tout de bon retrancher
Tout attachement qui m'y porte;
Et j'aime mieux cent fois mourir
Que de vivre sans vous servir.

AU SAINT SACREMENT.

AIR CONNU.

ADORONS tous dans ce sacré mystère,
Un Dieu caché que notre foi révère;
Vous Esprits bienheureux qui composez sa cour,
Bénissez-le toujours par des transports d'amour.

2. Verbe divin, Fils unique du Père,
Dieu tout-puissant, né d'une Vierge mère;
Ah! venez, doux Jésus, notre Rédemption,
Donnez-nous à tous votre bénédiction.

3. Honneur, respect et louange ineffable
Au Père, au Fils, à l'Esprit adorable;
Amour à tous les trois, et gloire à l'Unité.
Dans la suite des temps et dans l'éternité.

L'ASSOMPTION DE LA STE. VIERGE.

Air: *de Léandre.*

VENEZ, ma fille, car il est temps
De cueillir les lys et les roses:
Et changer l'hiver en printemps,
Auquel les fleurs vous sont écloses;

Venez, venez dans les plaisirs;
Venez contenter vos désirs.

Jésus-Christ.

Venez, ma Mère, moissonner
Les palmes de votre victoire;
Venez, je veux vous couronner,
Et vous faire part de ma gloire,
Sur un grand trône glorieux,
Pour être la Reine des Cieux.

Vous avez bu dans le torrent
De mes travaux en l'autre vie;
Il est juste que maintenant
Vous buviez de mon ambroisie;
Enivrez-vous de mes douceurs,
Comme là-bas de mes douleurs.

Le Saint-Esprit.

Venez, mon Epouse sacrée;
Entrez, entrez dans mon parterre
Pour cueillir la pomme sucrée
Que vous désiriez sur la terre;
Choisissez des fruits les plus doux
Dans le Jardin de votre Epoux.

L'Eglise triomphante.

Nous vous offrons notre devoir,
O admirable Impératrice,
Et sommes tous ravis de voir
Une si brillante lumière,
Un éclat si majestueux,
Qui nous fait éblouir les yeux.

Prosternés devant votre aspect,
Nous vous tenons pour Souveraine;
Et d'un cœur rempli de respect,

Nous vous crions, vive la Reine;
Vivez, vivez Reine des Cieux,
Sur votre trône glorieux.
La gloire et l'immortalité
Soient avec vous grande Princesse;
Et louange à la Trinité,
Qui vous a mis, par sa sagesse,
Dans un si haut degré d'honneur,
A la main droite du Sauveur.

L'Eglise militante.

Mère de mon divin Epoux,
Que ferai-je en votre absence?
Hélas! pourquoi me privez-vous
De votre si chère présence?
Il faut que je meure d'ennui,
Si vous me quittez aujourd'hui.

La Vierge.

Chère amie, tarissez vos pleurs,
Et vous remettez en mémoire
Que vous aurez plus de faveurs
Lorsque je serai dans la gloire;
Demandez ce que vous voudrez,
Je promets que vous l'obtiendrez.

CANTIQUE A LA Ste VIERGE.

Sur l'air: *Biron de quoi te vantes.*

O Ange Gabriel! favori de Marie,
Grand Messager du ciel! dites-moi, je vous prie,
Se fit-il des miracles en la Conception
De la Vierge sacrée et Reine de Sion?

2. Oui, mon très-cher ami, tant y eut

de merveilles,
Qu'on n'avoit jamais vu au monde de pareilles:
Une femme stérile âgée de soixante ans,
Sans péchés et sans tache la conçut dans ses flancs.

3. Ayant été neuf mois au ventre de sa Mère,
Cette rare beauté nâquit dessus la terre,
Donna tant d'alégresse à tous les bienheureux,
Qu'on célébrat sa fête en la terre et les Cieux.

4. Trois années après on la mena au temple
Pour l'offrir au grand Dieu, où chacun la contemple,
La voyant si petite monter de son bon gré,
Vers l'Autel toute seule, de degrés en degré.

5. A l'âge de quinze ans, pour cacher ce mystère,
Aux yeux des médisans, Dieu voulut que sa Mère,
Reçut en mariage la perle des Maris,
S. Joseph, dont la marque était la fleur des Lys.

6. La Vierge s'éxerçait un jour à la lecture
Dans les livres sacrés de la sainte Ecriture;
Etant toute ravie en admiration,
Lisant la prophétie de l'incarnation.

7. Dans ces ravissemens elle fut tout émue.
Voyant l'Ambassadeur du Ciel qui la salue
Entendant ses paroles, elle dit, *mon Seigneur*
Je suis votre servante du profond de mon cœur.

8. En cette humilité le St. Esprit opère,
Et Jésus la choisit pour sa bénie mère,
Unissant dans son ventre, par sa grande bonté,
Notre faible nature à sa Divinité.

9. A quelque temps de là, par volonté divine,
Elle alla visiter sa très-chère cousine;
Là où St. Jean Baptiste, avant que d'être né,
Adora le Messie, à genoux prosterné.

10. Enfin étant parée de vertus et mérites,
Elle s'acquit le Ciel par plusieurs divers titres,
Une infinité d'Anges lui allaient au-devant,
Admirant son triomphe avec étonnement.

CANTIQUE DE LA VISITATION.

Sur le MAGNIFICAT du 6. ton.

QUAND d'une céleste origine,
Marie eut conçu le Sauveur,
Elle visita sa Cousine,
Et s'écria dans sa ferveur
Toute divine:
Mon ame, louez le Seigneur:
*Magnificat * anima mea Dominum.*
Et exultavit spiritus meus;
Lorsque je vois, ô Dieu suprême!
Votre verbe en moi s'incarner,
Et que par un amour extrême,
Il s'abaisse pour nous sauver,
Et vient lui-même;
Je sens mon esprit s'absorber
In deo salutari meo.
Quia respexit humilitatem ancillæ suæ,

Dans ma bassesse, humble servante,
Le très-Haut, le Dieu de grandeur,
Me regarde, et sa main puissante
M'élève au comble de l'honneur.
    Ah que tout chante
De siècle en siècle mon bonheur.
Eccè enim ex hoc beatam me dicent omnes generationes.
  Quia fecit mihi magna qui potens est;
Dieu qui peut tout; pouvoit-il faire
A mon égard rien de plus grand?
Je reste Vierge et je suis mère
De mon Dieu qui se fait enfant:
    Profond mystère,
Dont je bénis son nom puissant!
Et sanctum nomen ejus.
  Et misericordia ejus à progenie in progenies;
Dieu voyant l'affreuse indigence
Où l'homme ingrat s'était réduit,
Sentit s'émouvoir sa clémence,
Pour sauver ce qu'il a produit:
    Faveur immense,
Dont il a fait sentir le fruit
Timentibus eum.
  Fecit potentiam in brachio suo;
De son bras, tous ceux qui le craignent
N'éprouvent jamais la rigueur;
Les seuls coupables le contraignent
D'allumer contr'eux sa fureur.
    Les humbles règnent,
Le superbe est loin de son cœur.
Dispersit superbos mente cordis sui.

Deposuit potentes de sede;
Les Démons, cette troupe altière
D'Esprits puissans et orgueilleux,
Confus, mordirent la poussière,
Quand son bras s'étendit sur eux.
Troupe trop fière,
L'humble prend votre place aux Cieux.
Et exaltavit humiles.

Esurientes implevit bonis.
Nous étions tous dans l'indigence,
Et tous ces superbes Esprits
Devaient jouir dans l'abondance,
Des richesses du Paradis;
Mais sa clémence
Nous enrichit de leurs débris;
Et divites dimisit inanes.

Suscepit Israël puerum suum,
Israël, ô quelle victoire!
Dieu se faisant ton défenseur,
Se souvient de toi dans sa gloire;
Rappelle donc avec ardeur
Dans ta mémoire
Les bontés de ton Rédempteur.
Recordatus misericordiæ suæ.

Sicut locutus est ad Patres nostros,
Pour affermir leur espérance,
Lui-même parle à nos aïeux;
Leur promettant la jouissance
D'un règne éternel et heureux,
Fait allianee
Avec Abraham et ses neveux,
Abraham et semini ejus in sæcula.

Gloria Patri et Filio;
O Nations! que tous les âges
Reconnaissent tant de faveurs;
Jouissez de tant d'avantages,
En rendant au fond de vos cœurs
Gloire et hommages
Au Père, au Fils mêmes honneurs,
Et Spiritu Sancto.
Sicut erat in principio et nunc et semper;
Dieu n'a jamais commencé d'être,
Et son règne a toujours été:
Si dans le tems il veut paraître,
C'est un effet de sa bonté
Qui l'a fait naître,
Quoique Dieu dans l'éternité,
Et in sæcula sæculorum Amen.

INVITATION A BÉNIR LE SEIGNEUR.

Sur l'air: *Quand le péril est agréable.*

Bénissez le Seigneur suprême,
Petits oiseaux dans les forêts:
Dites sous ces ombrages frais,
Dieu mérite qu'on l'aime.
Doux Rossignols dites de même,
Ou tout ensemble, ou tour-à-tour,
Et que les échos d'alentour
Vous répondent qu'on l'aime.
Triste et plaintive tourterelle,
Bénissez Dieu, rien n'est si doux;
Je devrois plus gémir que vous,
Mais je suis moins fidèle.
Paissez, moutons, en assurance,

Et bénissez le bon Pasteur:
Voit-il en moi votre douceur?
Ah! quelle différence!
Je ne vois rien qui soit stérile,
Par-tout je vois des fruits, des fleurs:
Je le dis en versant des pleurs,
Je suis l'arbre inutile.
Charmante fleur que l'on voit naître
Et mourir dans un même jour,
Je mourrai bientôt à mon tour
Plutôt que vous peut-être.
Je vois briller l'aimable Etoile
Qui luit le matin et le soir:
Mon Dieu, quand vous pourrai-je voir,
Face-à-face et sans voile!
Tonnerre, éclairs, bruyante foudre,
Vous marquez de Dieu la grandeur;
Il peut confondre le pécheur,
Et le réduire en poudre.
Comme le Cerf court aux fontaines,
Pressé de soif et de chaleur,
Ainsi je cours à vous, Seigneur;
Adoucissez mes peines.
Que le soleil et que l'aurore,
Les campagnes et les moissons,
Les rivières et les poissons,
Qu'enfin tout vous adore.

POUR LA CIRCONCISION DE N. S.

Sur l'air: *Jeunesse, qui dans vos beaux ans.*

PEUT-être la fin de tes ans
Est ce nouvel an qui commence;

Pécheur n'abuse plus du temps,
Ne vis plus dans l'indifférence,
Tu seras dans quelques momens
Peut-être à la fin de tes ans.

2. On circoncit notre Sauveur,
O journée sainte et fortunée!
Prenons tous part à sa douleur.
Et consacrons-lui cette année;
Retranchons le péché du cœur,
On circoncit notre Sauveur.

3. Il vient se soumettre à la Loi;
Nonobstant sa grande innocence:
O homme! rentre donc en toi,
Quand tu demandes une dispense;
Rougis devant Jésus ton Roi;
Il vient se soumettre à la Loi.

4. Il répand son sang en ce jour;
Il nous le donne pour étrennes:
Ah! c'est l'excès de son amour
Qui le fait couler de ses veines:
Serez-vous pour lui sans retour?
Il répand son sang en ce jour.

5. Vous versez du sang et des pleurs,
Vous les versez sans plus attendre;
Mais un jour entre deux voleurs,
La croix vous en fera répandre;
O Jésus enfant de douleur,
Vous versez du sang et des pleurs.

6. Vous portez le nom de JÉSUS,
C'est le nom que le Ciel vous donne:
Nous ne serons jamais vaincus,
Si ce saint nom nous environne;

Ne craignons plus d'être perdus;
Vous portez le nom de JÉSUS.
7. O saint Nom! soyez mom recours
Au moment de mon agonie;
Faites que par votre secours
J'entre dans la sainte Patrie;
Je vous invoquerai toujours,
O saint nom soyez mon recours.

CANTIQUE SUR LA CHASTETÉ

Air; *Or, nous dites, Marie.*

VERTU toute charmante,
Aimable pureté.
Que ton éclat m'enchante!
Ah! j'en suis transporté:
Ton mérite est suprême,
Ta gloire méblouit:
Pureté que je t'aime!
Ta beauté me ravit.
Disons à ta louange,
L'homme en un corps mortel
Par toi devient un Ange
Impassible, immortel:
Quoi l'homme être semblable
Aux célestes Esprits!
Vertu plus qu'admirable,
Ton mérite est sans prix.
Qu'une ame chaste est belle
Qu'elle plaît au Seigneur,
Quand il la voit fidelle
A veiller sur son cœur!
Trésor incomparable;

O divine pudeur!
Non, rien n'est plus aimable
Aux yeux du Créateur.
Fuyez, chère jeunesse,
Evitez le serpent;
Fuyez ce qui la blesse,
Et vivez chastement:
Ah! quel triste naufrage!
Peut-on trop le pleurer,
Hélas! quand à votre âge
On vient à s'égarer.
Qu'aucune impure flamme
N'entre dans votre cœur;
Ayez du vice infâme
Une éternelle horreur:
O vice détestable!
Cruelle passion!
Que l'homme est misérable,
Qui goûte ton poison!
Respectez en vous même
Votre corps, votre esprit;
Ils sont par le Baptême,
Membres de Jésus-Christ:
Faut-il qu'on le dépouille
De ses membres sacrés;
Quelle horreur qu'on les souille
De sâles voluptés!
O chasteté fragile!
Priez, veillez sur vous;
Que Satan est subtil!
Prenez garde à ses coups:
Au fort de la tempête,

La foi, l'humilité,
Le jeûne et la retraite
Sont votre sûreté.
Jésus plein de tendresse,
Vous serez mon soutien:
Vous voyez ma faiblesse,
Sans vous je ne puis rien:
Imprimez dans mon ame
La sainte chasteté,
Eteignez-y la flamme De toute volupté.

Sur l'innocence de la vie champêtre et sur le plaisir d'être à Dieu dans la solitude.

Air: *Ton humeur est, Catherine.*

AGRÉABLE solitude,
Que vos attraits sont charmans!
Vous calmez l'inquiétude,
Vous suspendez nos tourmens:
Par-tout ailleurs l'ame éprouve
Les regrets les plus amers;
Mais c'est chez vous qu'elle trouve
Les douceurs de l'Univers.
Les cœurs rongés par la haine
N'habitent point nos hameaux:
On n'entend dans notre plaine
Que le murmure des eaux:
Les traits de la noire envie
Ne nous attaquent jamais;
Comme c'est Dieu qui nous lie,
Rien ne trouble notre paix.

Nos forêts vastes et sombres.
Innaccessibles au jour,
Dont les éternelles ombres
Font un tranquille séjour,
Sont pour moi de sûrs asyles
Qui servent à me cacher,
Où loin du trouble des villes,
J'apprends à ne point pécher,
Nos vallons et nos prairies,
Que Dieu fit pour nos besoins,
De mes douces rêveries
Sont les fidèles témoins:
Je leur conte ma misère,
Mes chûtes et mes erreurs,
Et la docile fougère,
Souvent récueille mes pleurs.
Cette riante verdure,
Riche ornement de ces lieux,
Dont l'agréable parure
Frappe innocemment les yeux,
M'apprend que ce monde passe
Comme une faible lueur,
Et que sa gloire s'efface;
Que Dieu seul est mon bonheur.

PLAINTES des Ames du Purgatoire.

AIR CONNU.

CHrétiens, réveillez vos cœurs,
Pour entendre les clameurs
Des ames du Purgatoire,
Qui vous prient les larmes aux yeux,
De faire quelques prières

Pour les tirer de ces lieux.

2. Peut-être que vos parens,
Vos femmes ou vos enfans
Votre père ou votre mère
Sont dans les peines et tourmens
Des flammes du Purgatoire,
Retenus depuis long-temps.

3. Ne les entendez-vous pas,
Criant, vous tendant les bras?
Ils vous prient d'avoir mémoire
De leur pitoyable état;
Quand ils seront dans la gloire,
Ils ne vous oublieront pas.

4 Un *Pater* avec un *Ave*;
Ou bien un *Miserere*,
Dits en versant quelques larmes,
Touchés de compassion,
Peut délivrer ces pauvres ames
De cette horrible prison.

5. Ah! qu'elles vous sauront de gré
De les avoir délivrées
De leurs tourmens et misères?
Elle prieront, d'affection
Jésus Christ, le Roi de gloire,
Pour votre conversion.

6. Une bonne Communion,
Faite avec dévotion,
Peut délivrer une pauvre ame
De quelques-uns de vos parens,
La faisant sortir des flammes,
Pour jouir du firmament.

7. Hélas vous ne savez pas

Le bien que vous faites ici-bas;
Et tirant de ce supplice
Une de vos bonnes amies,
Qui va jouir du délice
Que l'on goûte en Paradis.

8. Quand ils seront dans les Cieux
Avec tous les bienheureux,
Ah! comme ils feront nos louanges,
Au Ciel nos précurseurs!
Ils prieront le Roi des Anges
Pour leurs amis et bienfaiteurs.

9. N'oubliez pas un moment
De prier journellement
Pour les ames délaissées,
Qui souhaitent quitter ces lieux;
Vous en serez recompensés
Dans le Royaume des Cieux.

10. Il faut prier d'un grand cœur
Jésus-Christ notre Sauveur,
La sainte Vierge Marie,
Qu'elle prie le Père éternel
Qu'il daigne, à notre heure dernière,
Nous recevoir dans le Ciel. Amen.

INVITATION *au pécheur de se convertir.*

Sur l'air de *Tarare pon pon.*

HÉLAS! pauvre pécheur, ton ame a fait naufrage;
Dès long-tems le démon a su t'assujettir;
Mais ne perds pas courage,
Songe à te convertir,
Il faut de l'esclavage sortir.

2. Ne dors plus en péché, la grace te réveille;

Il est tems que ton cœur aux vices dise adieu;
Prête, prête l'oreille,
Sans sortir de ce lieu;
Fais ce que te couseille ton Dieu.

3. Quand il s'agit du Ciel, ne cherche point d'excuse;
Le plus grand des défauts, c'est le retardement:
Ah! le monde t'amuse
Par son enchantement;
Tu sais bien qu'il t'abuse souvent.

4. De te donner à Dieu l'Esprit-Saint te convie:
Recherche tes péchés avec grande douleur;
Va découvrir ta vie
Aux pieds d'un Confesseur,
L'ame toute remplie d'horreur.

5. Il faut ouvrir ton cœur sans aucun artifice;
Pense qu'en t'accusant, Dieu te voit, Dieu t'entend:
Regarde sa justice,
Sa bonté qui t'attend;
Vois jusqu'où ta malice s'étend.

6. Après t'être accusé, ton ame recueillie
Doit rendre grace à Dieu par un humble retour;
Sa clémence infinie
T'a marqué son amour:
Consacre lui ta vie toujours.

CANTIQUE SUR LA MORT.

Sur l'air: *A la mort*, ou l'air lugubre du *Deprofondis*. Il se chante à deux chœurs.

Le chœur. A La mort, à la mort,
(Pécheur, ce tems viendra)

A la mort, à la mort,
Tout finira.

2. *voix.* Il faut mourir, il faut mourir,
De ce monde il nous faut sortir.
Le triste arrêt en est porté,
Il faut qu'il soit exécuté.

Le chœur. A la mort, etc.

2. *voix.* Pécheurs, approchez d'un cercueil,
Venez confondre votre orgueil;
Là tout ce qu'on estime tant
Est enfin réduit au néant.

Le chœur. A la mort, etc.

2. *voix.* Filles pleines de vanité,
Que deviendra votre beauté?
L'infection, la puanteur
Vous rendront un objet d'horreur.

Le chœur. A la mort, etc.

2. *voix.* O vous! esclaves des plaisirs,
Qui contentez tous vos désirs,
Pour vous quel affreux changement
La mort va faire en un moment!

Le chœur. A la mort, etc.

2. *voix.* Plus de plaisirs, plus de douceurs,
Plus de pouvoirs, plus de grandeurs;
Ces biens dont vous êtes jaloux,
Vont tout-à-coup périr pour vous.

Le chœur. A la mort, etc.

2. *voix.* Adieu famille, adieu Parens,
Adieu chers amis, chers enfans;
Votre cœur s'en affligera,
Mais enfin tout vous quittera.

Le chœur. A la mort, etc.

2. *voix*. Du tombeau de l'obscure prison,
Voilà, pécheurs, votre maison;
Là ces corps qui vous sont si chers,
Seront dévorés par les vers.

Le chœur. A la mort, etc.

2. *voix*. Voilà l'état de votre corps:
Mais l'ame où sera-t-elle alors?
En présence du Dieu vengeur.
Oh! quelle sera sa frayeur!

Le chœur. A la mort, etc.

2. *voix*. Vos actions Dieu pèsera,
Son arrêt il prononcera;
O le redoutable moment!
D'où notre éternité dépend.

Le chœur. A la mort, etc.

2. *voix*. Grand Dieu! j'y pense avec effroi;
Que ferez-vous alors de moi?
Si vous me trouvez criminel,
Ah! mon malheur est éternel.

Le chœur. A la mort, etc.

2. *voix*. Ce moment bientôt doit venir,
Pourquoi ne pas s'en souvenir?
Nous vivons sans réflexion,
Quelle plus triste illusion!

Le chœur. A la mort, etc.

2. *voix*. S'il fallait subir votre arrêt,
Chrétiens qui de vous serait prêt?
Combien dont le funeste sort
Serait une éternelle mort!

Le chœur. A la mort, etc.

2. *voix*. Pécheurs, pour n'être point surpris,
Pleurez tant de péchés commis;

Brisez vos chaînes, vos liens;
Commencez à vivre en chrétiens.
Le chœur. A la mort, à la mort,
(Pécheur, ce tems viendra)
A la mort, à la mort,
Tout finira.

Fin des Cantiques.

NOELS CHOISIS.

NOEL nouveau sur l'air : *J'apperçus l'autre*

NOUS entendons la voix des Anges,
Publiant par de beaux concerts,
Que la paix soit a l'univers,
Votre joie sera sans mélange :
Ah ! que ce jour est triomphant !
Un Dieu pour nous s'est fait enfant.

2. Prenez, disent-ils, vos musettes,
Et les autres leurs chalumeaux;
Sortez, bergers, de vos hameaux;
Emportez chacun vos houlettes,
Et allez tous dans ce saint lieu
Pour y adorer l'Homme-Dieu.

3. Ils disent qu'une Vierge mère
Est accouché en ce réduit,
Et seule, au milieu de la nuit,
A mis au monde la lumière;
Accourons tous en ce saint lieu,
Pour y adorer l'homme-Dieu.

4. Nous savons bien que les prophêtes

Nous avaient prédit ce grand jour,
Auquel Jésus, par son amour,
Vient écarter dessus nos têtes
La justice du Créateur,
Se faisant notre Rédempteur.

5. La crêche est sa couche adorable,
Il n'a pour soulager ses maux,
Que le secours des animaux:
Son louvre est une pauvre étable;
Il est réduit dedans un coin,
Sur un petit monceau de foin.

6. Puisque nous voyons ce mystère,
Adorons-en le saint Auteur,
Qui vient s'immoler de bon cœur
Pour nous tirer de la misère
Où nous avoit précipité
Adam par sa facilité.

7. Le démon ne peut plus nous nuire,
A présent que le Roi des Cieux
Est descendu dans ces bas lieux.
Vivons content sous son empire:
O Jésus! qu'il nous sera doux
D'avoir et votre paix et vous!

NOEL sur l'air: *Un jour la Samaritaine.*

CHRÉTIENS, que chacun s'apprête
Pour la fête
De ce saint jour solemnel;
Entonnons tous des cantiques
En mnsique,
A la venue de Noël.

2. Un Dieu vient dessus la terre

Satisfaire
Pour le pauvre genre humain,
Et appaiser la colère De son Père,
Irrité au dernier point.
3. Adam fut le premier homme;
Par la pomme
Il nous avait tous perdus;
Dieu, par sa miséricorde,
Nous accorde,
Son fils bien aimé Jésus.
4. Imitons les saints Archanges,
Et les Anges,
Qui dans ees termes précis,
Chantent avec mélodie, Psalmodie,
Gloria in excelsis.
5. Les Bergers et les Bergères,
Fort légères,
S'éveillent entendant le bruit,
Et vont voir le Fruit de vie, De Marie,
Né au milieu de la nuit.
6. Ils le trouvent dans l'étable
Pitoyable;
Mis entre deux animaux,
Près d'une vielle muraille,
Sur la paille,
Il commence ses travaux.
7. S'il a voulu ainsi naître
Et paraître,
C'est pour faire voir l'amour
Qu'il a pour notre nature; il endure,
Sitôt qu'il a vu le jour.
8. Puisque pour nous ce grand Maître

Vient de naître
Dedans ce monde mortel,
Il faut, d'un ton d'alégresse
Et tendresse,
Chanter tous Noël, Noël,
9. Vive le Roi des victoires
Et de gloire,
Vive Jésus éternel;
Vive le Fruit de Marie,
Fruit de vie;
Vive, vive Emmanuel.
10. Prions-le d'un cœur fidèle,
Avec zèle,
D'effacer tous nos forfaits;
Que nous puissions par sa grace
Voir sa face,
Dans le Ciel à tout jamais.

NOEL NOUVEAU.

CHANTONS tous à la naissance
De ce Messie incarné,
Noël, noël, noël, noël;
Puisque c'est là notre croyance,
Entonnons-lui *Kyrie*, *eleïson*.
2. Adorons tous dedans la crêche
Sa profonde humilité,
Noël, noël, noël, noël.
Puisque c'est-là qu'il nous prêche;
Répétons donc *Kyrie*, *eleïson*
3. Implorons aussi sa clémence;
Demandons à sa bonté,
Noël, noël, noël, noël,

Qu'il nous donne la constance
De chanter toujours *Kyrie*, *eleïson.*

4. Et pour suivre la méthode
Que l'Eglise a ordonnée,
Noël, noël, noël, noël,
Conformons-nous à son ordre,
Et répétons *Christe*, *eleïson*

5. Il vient pour donner sa gloire
A qui l'aura mérité,
Noël, noël, noël, noël;
Ayons donc souvent mémoire
De lui dire *Christe*, *eleïson*

6. Saluons sa sainte Mère,
Qui dans ses flancs l'a porté,
Noël, noël, noël, noël;
Disons lui d'un cœur sincère,
J'usqu'à trois fois *Christe*, *eleïson.*

7. Il est né dans un étable,
Faible et nud et tout glacé,
Noël, noël, noël, noël;
Il aura pour agréable
Que nous répétions *Kyrie*, *eleïson.*

8. Et dans le fond d'une crêche
Il nous prêche l'humilité,
Noël, noël, noël, noël;
Demandons-la d'un grand zèle,
En lui disant *Kyrie*, *eleïson*

9. Tachons donc que sa naissance
Nous donne l'heureuses vérité,
Noël, noël, noël, noël;
Pour en avoir l'assurance,
Terminons lui *Kyrie*, *eleïson.*

AUTRE NOEL.

AIR CONNU.

A La minuit,
On a vu briller une étoile,
A la minuit,
Plus belle que l'astre qui luit,
Elle annonce cette merveille
Que Jésus est né d'une Vierge
A la minuit.

2. Dans un berceau,
Et dedans une pauvre étable;
Dans un berceau,
Entre deux grossiers animaux,
Il est né le plus misérable:
A-t-on jamais vu son semblable
Dans un berceau ?

3. Au Dieu naissant,
Allons donc rendre nos hommages
Au Dieu naissant,
Portons lui or, myrrhe et encens;
Imitons ces Rois prudens et sages,
Faisons partir tous nos bagages
Pour l'Orient.

4. Accourons tous,
Allons d'un cœur plein de tendresse,
Accourons tous;
Le sort est pour nous des plus doux:
Allons y chanter d'alégresse
Un Dieu pour nous plein de tendresse;
Accourons tous.

5. Mêlons nos voix

Aux sons de nos douces musettes
Mêlons nos voix
A chanter les airs les plus gais,
Et que chacun de nous s'apprête
A célébrer cette grande Fête:
Mêlons nos voix.
6. Divin enfant,
Nous venons vous rendre les armes,
Divin Enfant;
Rien n'est pour nous aussi touchant:
Venez donc finir nos allarmes,
Après ce bonheur plein de charmes,
Divin Enfant.
7. Soyez heureux,
Bergers que rien ne vous étonne,
Soyez heureux.
Jésus est pour vous en ces lieux;
Pour vous aussi il s'est fait homme,
Il a quitté sceptre et couronne:
Soyez heureux.

AUTRE NOEL.

Sur l'air: *d'une constance extrême.*
Les Anges aux Bergers.

Le Messie vient de naître,
Pasteur, éveillez vous;
Laissez vos moutons paître,
Ne craignez point les loups;
Allez le reconnaître,
Car il est né pour vous.
Dans une pauvre étable,
Entre deux animaux,
Cet enfant adorable,
Endure tous les maux,

Nud comme un misérable,
Quoique Fils du très Haut.
Vous y verrez la Mère
Adorer ce poupon;
Joseph aussi, son Père,
Baiser son Nourrisson;
Il est couché par terre,
Entre un bœuf, un Anon.
Les Bergers. Agréable nouvelle!
Dépêche-toi, Colin:
Allons voir la Pucelle,
Allons voir son Dauphin,
Et marquons notre zèle
A cet Enfant divin.
J'apperçois une Grange
Je crois que c'est ici;
Il me souvient que l'Ange
Nous l'annonçait ainsi,
En chantant pour louange,
Gloria in excelsis.
Entrons tous deux ensemble;
Le vois-tu sur du foin,
Qui est tout nud, qui tremble
Dedans ce petit coin?
C'est bien lui, ce me semble,
Je ne me trompe point.
Bon Dieu! qu'elle misère
Souffre ce Roi des Rois!
Faisons notre prière;
Chantons sur nos haut-bois:
Noël le Roi de gloire,
Nous vient donner la paix.

AUTRE NOEL.

Air: *Ne vous étonnez pas, si dans mes repas.*

ALLONS, mes Compagnons,
Allons voir un Poupon,
Le cher Fils de Marie:
Ah! nous le trouverons
Que pour nous il prie,
Et nous l'adorerons.
Nous verrons cet Enfant,
Le Fils du Tout-Puissant,
Entre un bœuf et un âne,
Si joli, si charmant,
Tant rempli de charmes,
Qu'il en est ravissant.
Un Dieu d'éternité,
La source de bonté,
A voulu qu'une étable
Lui servît de palais:
Un Roi incomparable,
Sans page ni laquais.
L'Amante. Dites-moi, cher poupon,
Est-ce de la façon
Que l'amour vous traite?
J'aimerais mieux mourir,
Avant qu'on vous maltraite,
Je veux vous secourir.
Plaintes de Jésus. Amante peux-tu voir,
Comme dans un miroir,
Le sujet de mes peines?
L'amour que j'ai pour toi,
M'a réduit dans les gênes,

De même que tu vois.
L'Amante. Amour, amour, amour,
Ah! trop cruel amour,
Tu es impitoyable
D'attaquer mon bon Dieu,
Réduisant dans l'étable
Le Monarque des Cieux.
L'Amour. Quoi ce n'est pas assez,
Je n'ai pas commencé
L'effort de ma puissance:
Avant qu'il soit huit jours;
Tu verras des souffrances,
Des effets de l'amour.
L'Amante. Amour, que feras-tu?
Mon Amant n'en peut plus;
Dedans sa pauvre crêche
Il n'a plus qu'un soupir,
Et cette paille fraîche
L'empêche de mourir.
L'Amour. Il n'est pas encor temps,
Je ne suis pas content;
Il faut ouvrir ses veines,
Un trop cruel couteau
Donnera pour étrennes
De son sang le plus beau.
L'Amante. Amour impérieux,
Tu es trop rigoureux
A mon Jésus aimable;
Fais-moi plutôt mourir:
Je serai trop blâmable
De le laisser languir.
L'Amour. Ce n'est pas pour finir,

Que je le veux bannir
De son pauvre-Domaine,
Par les bois et les champs
Chargé de mille peines,
Et de cris languissans.
L'Amante. Jésus, mon cher époux,
Oui, j'irai avec vous
Aux terres étrangères,
Désirant vous servir,
Comme aussi votre Mère,
Jusqu'au dernier soupir.
L'Amour. Cela n'empêche pas
De le suivre à tous pas,
Ju qu'au mont du Calvaire;
Regarde cette Croix,
Et les douleurs amères
Qu'il veut souffrir pour toi.
Les Amantes de Jésus. Ah! suis-je le bourreau
De Jésus au berceau?
L'innocente Victime!
Qu'on me fasse languir,
Puisque c'est pour mon crime
Que mon Dieu veut mourir.

LES CHARMES DE LA CONVERSION.

Sur l'air : *Préparons-nous.*

AH! qu'il est doux de sortir de ses vices!
Grand Dieu! quelles sont mes délices!
O que je suis content! je suis enfin changé,
D'un poids affreux je me sens soulagé.
Après avoir ressenti tant de peines,
Enfin, j'ai su rompre mes chaînes; (vous!
Ah! quel plaisir, Seigneur, d'être bien avec

Non, jamais rien ne me parut plus doux.
Mon triste cœur avec lui-même en guerre,
Vivait tristement sur la terre; (maux;
Là pour un seul plaisir on ressent mille
Les maux sont vrais et les plaisirs sont faux.
La nuit, le jour j'étais dans la souffrance,
Un ver rongeait ma conscience;
Au milieu des plaisirs je sentais des douleurs;
Mais aujourd'hui mes pleurs sont des douceurs
Oui, je renonce aux maximes du monde:
Qu'il parle, qu'il crie et qu'il gronde,
Je sais ce qu'il en coûte; et pour me rengager
Il crie en vain, je fuirai le danger.
Fuyez, plaisirs, qu'avez-vous d'agréable?
Jésus, vous êtes seul aimable (doux;
Les pleurs et les plaisirs me paraissent bien
Venez, mon Dieu; plaisirs, retirez vous.
Combien, mon Dieu, je vous ai fait attendre!
Enfin, je suis prêt à me rendre:
Je ne recule plus, je sens mon cœur touché,
Je suis à vous, je quitte le péché.

ANTIENNE A LA Ste VIERGE.

O Sancta mundi Domina! Regina Cœli inclyta! ô Stella maris, Maria Virgo! Mater deïfica! emerge, dulcis Filia; nitesce, jàm virguncula, florem naturâ nobilem, Christum Deum et hominem; Conceptus tui annua colimus ac solemnia, quæ stirpe selectissimâ mundo fuisti genita; per te sumus, terrigenæ simul inquo caligine, splendentes luce nobili, tuo partu mirabili; sit Deus et victoria in unitate solida per sæcula sæculorum. Amen.

FIN.

www.ingramcontent.com/pod-product-compliance
Ingram Content Group UK Ltd.
Pitfield, Milton Keynes, MK11 3LW, UK
UKHW021021200726
13857UKWH00004B/1522

9 782012 839328